essentials

essentials liefern aktuelles Wissen in konzentrierter Form. Die Essenz dessen, worauf es als „State-of-the-Art" in der gegenwärtigen Fachdiskussion oder in der Praxis ankommt. *essentials* informieren schnell, unkompliziert und verständlich

- als Einführung in ein aktuelles Thema aus Ihrem Fachgebiet
- als Einstieg in ein für Sie noch unbekanntes Themenfeld
- als Einblick, um zum Thema mitreden zu können

Die Bücher in elektronischer und gedruckter Form bringen das Expertenwissen von Springer-Fachautoren kompakt zur Darstellung. Sie sind besonders für die Nutzung als eBook auf Tablet-PCs, eBook-Readern und Smartphones geeignet. *essentials:* Wissensbausteine aus den Wirtschafts-, Sozial- und Geisteswissenschaften, aus Technik und Naturwissenschaften sowie aus Medizin, Psychologie und Gesundheitsberufen. Von renommierten Autoren aller Springer-Verlagsmarken.

Weitere Bände in dieser Reihe http://www.springer.com/series/13088

Matthias Fischer · Dominik Wagner

Die Wissenslücken der Deutschen bei der Geldanlage

Eine empirische Untersuchung

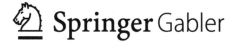

Prof. Dr. Matthias Fischer
Technische Hochschule Nürnberg
Georg Simon Ohm
Nürnberg, Deutschland

Dominik Wagner
Technische Hochschule Nürnberg
Georg Simon Ohm
Nürnberg, Deutschland

ISSN 2197-6708   ISSN 2197-6716   (electronic)
essentials
ISBN 978-3-658-16457-7   ISBN 978-3-658-16458-4   (eBook)
DOI 10.1007/978-3-658-16458-4

Die Deutsche Nationalbibliothek verzeichnet diese Publikation in der Deutschen Nationalbiblio-
grafie; detaillierte bibliografische Daten sind im Internet über http://dnb.d-nb.de abrufbar.

Springer Gabler

Gedruckt auf säurefreiem und chlorfrei gebleichtem Papier

Springer Gabler ist Teil von Springer Nature
Die eingetragene Gesellschaft ist Springer Fachmedien Wiesbaden GmbH
Die Anschrift der Gesellschaft ist: Abraham-Lincoln-Str. 46, 65189 Wiesbaden, Germany

Was Sie in diesem *essential* finden können

- Die Ergebnisse einer wissenschaftlichen Studie zum Finanzwissen der Bevölkerung in Deutschland
- Erkenntnisse über das Wissen zu Risiko und Rendite von Geldanlagen
- Detaillierte Differenzierung beim Kenntnisstand der Bevölkerung nach demografischen Merkmalen

Inhaltsverzeichnis

Einleitung 1

Von Juni 2015 bis Januar 2016 wurde am Kompetenzzentrum Finanzen der Technischen Hochschule Nürnberg eine anonymisierte Umfrage zum Wissen von Privatkunden rund um die Geldanlage durchgeführt. Ziel der Studie war es, systematisch fundierte Erkenntnisse über die Wahrnehmung und das Wissen der Bevölkerung zur Thematik von Risiko und Rendite bei Geldanlagen zu erhalten. Die zentrale These lautet, dass weite Teile der Bevölkerung nur über unzureichende Kenntnisse im Umgang mit Geldanlagen verfügen. Diese These wird auch durch aktuelle Studien zum großen Aufklärungsbedarf der Bevölkerung im Bereich Finanzen unterstützt (siehe beispielsweise OECD [13]; van Rooj et al. [14]; Dietz [7] und Financial Services Authority [9]).

Wissenslücken müssen differenziert evaluiert werden, um anschließend Maßnahmen zur gezielten Reduzierung dieser Lücken zu entwickeln. Die Studienergebnisse sollen daher den Kenntnisstand der Bevölkerung unterschieden nach demografischen Merkmalen systematisch erfassen. Anschließend kann die Wissensvermittlung im Bereich Geldanlage für die unterschiedlichen Zielgruppen und Bedürfnisse effizient gestaltet werden. Insbesondere für Banken und Versicherungen ist es wichtig, über die Kenntnisse der Kunden möglichst gut informiert zu sein, um die Beratungsqualität und den Anlegerschutz zu optimieren.

Durch das andauernde Niedrigzinsumfeld und die Notwendigkeit der privaten Altersvorsorge ist die Frage der richtigen Geldanlage deutlich komplexer und folgenreicher geworden. Der Erfolg von individuellen Investitionsentscheidungen wird auch durch die Finanzkenntnisse bestimmt. Mangelndes Wissen über den Zusammenhang von Rendite und Risiko in der Bevölkerung kann zu falschen Entscheidungen im Vermögensaufbau und in der Altersvorsorge führen. Daher ist es eine wichtige gesellschaftliche Aufgabe, die Bevölkerung in Deutschland in ihrem Finanzwissen besser aufzuklären. Diese Studie erfasst die Wissenslücken systematisch.

© Springer Fachmedien Wiesbaden GmbH 2017
M. Fischer und D. Wagner, *Die Wissenslücken der Deutschen bei der Geldanlage,* essentials, DOI 10.1007/978-3-658-16458-4_1

1.1   Das Geldvermögen privater Haushalte

Im Jahr 2014 war der größte Teil des Bruttogeldvermögens der Deutschen mit
ca. 39 % (2055,7 Mrd. EUR) in Bargeld und Einlagen angelegt (siehe Abb. 1.1).
Ansprüche gegenüber Versicherungen aus Pensionsrückstellungen und sonstige
Forderungen machen weitere 38 % (1968,7 Mrd. EUR) aus. Der weitaus kleinste
Teil des Bruttogeldvermögens (23 % bzw. 1215,2 Mrd. EUR) besteht aus Wert-
papieren. Darunter fallen unter anderem festverzinsliche Wertpapiere, Aktien und

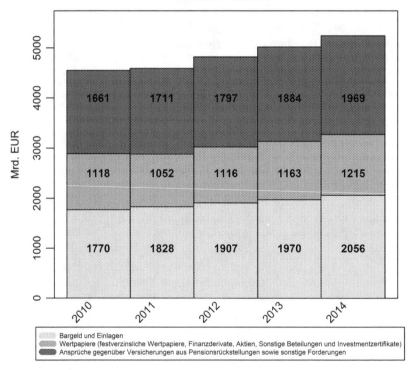

Abb. 1.1   Aufteilung des Bruttogeldvermögens privater Haushalte in Deutschland (Die
Abbildung wurde mit Daten von (Destatis [2]) erstellt)

Investmentzertifikate. Die Untersuchung konzentriert sich insbesondere auf Bargeld, Spareinlagen und Wertpapiere.

1.2 Vorgehensweise und Methodik in der Studie

Bei der Umfrage nannten die Teilnehmer schriftlich ihre Meinung zu insgesamt zehn Aussagen zur Geldanlage. Mehrere mögliche Antwortalternativen waren als richtig oder als falsch zu interpretieren. Die Aussagen wurden so entwickelt, dass sie den Verbraucher bei den Themen Risiko und Rendite in dessen Umgangssprache abholen können. Oft werden in Umfragen nur eine richtige und eine falsche Antwortmöglichkeit gegeben. In dieser Studie wurde darauf verzichtet, nur eine mögliche korrekte Antwortalternative zu geben, da auch in der Praxis oft eine differenzierte Betrachtung von Risiko- und Renditeaspekten bei Finanzprodukten notwendig ist. Dementsprechend wurde den Befragten eine Skala mit fünf Antwortalternativen vorgelegt, um der Tatsache gerecht zu werden, dass beim Thema Rendite und Risiko nicht nur das Wissen, sondern auch die individuelle Meinung der Befragten relevant ist.

Bei der Planung des Projekts wurde auf die Streuung der Umfrage über das Internet zugunsten der Umfragequalität verzichtet. Die Beantwortung aller Fragebögen erfolgte zur Qualitätssicherung unter Anwesenheit eines zur Durchführung der Umfrage beauftragten Projektmitarbeiters. Im ersten Teil des Projekts wurden Studenten der Technischen Hochschule Nürnberg der Fachrichtungen Betriebswirtschaft, Informatik, Feinwerktechnik, Informationstechnik, Maschinenbau und Elektrotechnik befragt, sodass sich auch Erkenntnisse über den Wissensstand zum Thema Geldanlage in verschiedenen Studienrichtungen ableiten lassen. Im zweiten Teil wurden Kunden einer Sparkasse in der Filiale persönlich befragt. Im dritten Teil des Projekts wurde die Umfrage in der Bevölkerung an verschiedenen Örtlichkeiten in Nürnberg durchgeführt. Insgesamt haben sich 1542 Personen an der Umfrage beteiligt. In der hier vorliegenden Analyse stehen die Implikationen für die Gesamtbevölkerung und nicht die Unterschiede zwischen einzelnen Studienrichtungen im Vordergrund.

Damit die Aussagen der Studie repräsentativ für die deutsche Bevölkerung sind, wurde die Gesamtzahl der Befragten von 1542 Personen auf 454 Personen reduziert. Aufgrund der leichteren Erreichbarkeit über die Technische Hochschule Nürnberg wurden auch viele Studenten befragt. Der Anteil der Studenten ist deshalb mit 70 % an der gesamten Stichprobe am stärksten ausgeprägt. Dies schlägt sich auch in den Anteilen der Altersgruppe 20 bis 30 Jahre mit 64 % und der niedrigsten Einkommenskategorie von bis zu 1500 EUR mit ebenfalls 70 % nieder. Der Anteil der Studenten an der Gesamtbevölkerung liegt in Deutschland jedoch nur bei ca. 3 %

(vgl. Destatis [3], [4]). Um valide Aussagen zur Gesamtbevölkerung treffen zu können, wurde der Anteil der Studenten für die Analyse durch zufällige Auswahl aus
dem Pool aller befragten Studenten entsprechend reduziert. Die zur Auswertung
herangezogene repräsentative Teilnehmerzahl beläuft sich in der Folge auf final 454
Personen aus den verschiedensten Alters- und Einkommensschichten. Abb. 1.2 zeigt
die gesamte Teilnehmerzahl (links) und die in dieser Auswertung herangezogene
Teilnehmerzahl (rechts) gegliedert nach Geschlecht.

Als unterstützendes Hilfsmittel zur Bewertung der Umfrageergebnisse nach
verschiedenen Merkmalen, wie beispielsweise Alter oder Beruf, wurde der H-Test
nach Kruskal und Wallis herangezogen. Dabei handelt es sich um einen Test zum
Vergleich von mehr als zwei ordinal- oder intervallskalierten Stichproben. Ein
Vorteil bei Verwendung der Testmethode ist, dass die Stichproben nicht normal-
verteilt sein müssen. Die Nullhypothese unterstellt, dass kein signifikanter Unterschied zwischen den Daten besteht. Signifikanz wird mit dem P-Wert gemessen.
Dabei gilt: Je niedriger der Wert ausfällt, desto signifikanter ist das Testergebnis.
Zudem liefert die Chi-Quadrat-Statistik Aussagen über die Gefahr, einen Fehler
durch die Verwerfung der Nullhypothese aufgrund des Testergebnisses zu begehen. Je höher das Chi-Quadrat, desto geringer ist die Wahrscheinlichkeit, einen
solchen Fehler zu begehen (vgl. Mayer [12]).

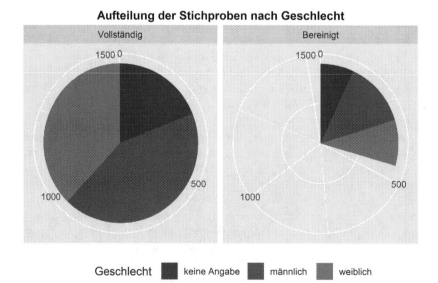

Abb. 1.2 Vollständige und bereinigte Stichprobe im Vergleich

Tab. 1.1 zeigt die Auswertungsergebnisse des H-Tests nach Kruskal und Wallis für die Merkmale Berufsgruppe, Geschlecht, Nettoeinkommen, Bildungsabschluss und Altersgruppe. Es wird deutlich, bei welchen Merkmalen und Aussagen signifikante oder nicht signifikante Unterschiede bestehen. Beispielsweise liegt der P-Wert für das Merkmal Berufsgruppe von Aussage 2 bei 0,002 und der H-Wert bei 25,7. Um festzustellen, ob signifikante Unterschiede zwischen den verschiedenen Berufsgruppen bestehen, wird der berechnete H-Wert mit dem kritischen Wert verglichen. Alternativ lässt sich dies auch über den ermittelten P-Wert ablesen. Im Fall der Berufsgruppenunterschiede liegt der P-Wert von 0,002 unter dem für diese Studie maßgeblichen Signifikanzniveau von 0,05. Dementsprechend kann davon ausgegangen werden, dass sich die Mediane der gegebenen Antworten über die Berufsgruppen hinweg signifikant

Tab. 1.1 Ergebnisse des H-Tests nach Kruskal/Wallis

	Berufsgruppe		Geschlecht		Nettoeinkommen		Bildungsabschluss		Altersgruppe	
	P-Wert	χ^2	P-Wert	χ^2	P-Wert	χ^2	P-Wert	χ^2	P-Wert	χ^2
Aussage 1	0,136	13,6	0,059	5,7	0,061	9,0	0,413	6,1	**0,001**	22,3
Aussage 2	**0,002**	25,7	0,385	1,9	**0,001**	18,1	**0,023**	14,7	**0,002**	21,1
Aussage 3	**0,001**	28,5	0,446	1,6	0,196	6,0	**0,023**	14,6	**0,000**	28,7
Aussage 4	**0,007**	22,5	0,931	0,1	0,103	7,7	0,132	9,8	**0,036**	13,5
Aussage 5	0,124	14,0	0,680	0,8	0,247	5,4	**0,004**	19,2	0,053	12,4
Aussage 6	0,235	11,6	0,076	5,2	0,087	8,1	**0,027**	14,2	0,267	7,6
Aussage 7	0,007	22,7	0,134	4,0	**0,011**	13,1	0,847	2,7	**0,005**	18,5
Aussage 8	0,198	12,3	**0,024**	7,5	**0,003**	16,0	0,305	7,2	**0,035**	13,5
Aussage 9	0,120	14,1	**0,000**	22,1	**0,002**	16,6	**0,001**	21,7	0,336	6,8
Aussage 10	**0,000**	45,5	0,460	1,6	**0,004**	15,3	0,393	6,3	**0,000**	43,0

Fett markierte Werte sind signifikant auf dem 5-%-Niveau

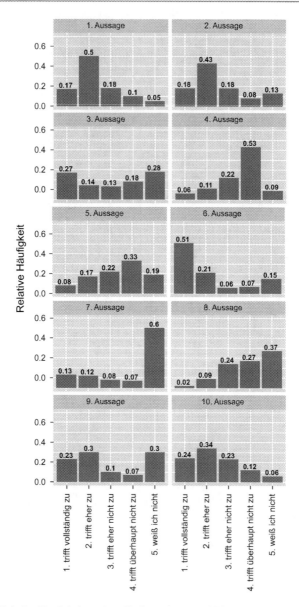

Abb. 1.3 Relative Häufigkeiten über alle Aussagen (n = 454)

voneinander unterscheiden. Im Gegensatz hierzu lassen sich bei der Aussage 8 bezogen auf das Merkmal Berufsgruppe keine signifikanten Unterschiede feststellen; denn der P-Wert liegt mit 0,198 deutlich über dem Signifikanzniveau von 0,05. Mit dem H-Test wird jedoch nur untersucht, ob generell Unterschiede vorliegen. Um festzustellen, welche der Mediane signifikant von den anderen abweichen, sind zusätzlich Post-hoc-Tests erforderlich.

Abb. 1.3 zeigt einen Überblick über die relativen Häufigkeiten gegliedert nach den zehn in der Befragung vorkommenden Aussagen. Die folgenden Abschnitte gehen auf die einzelnen Aussagen im Detail ein.

2.1 Aussage 1: Die Immobilie nimmt immer im Wert zu

Der Häuserpreisindex des Statistischen Bundesamts (siehe Abb. 2.1) zeigt, dass Immobilienpreise keineswegs immer steigen und Differenzierungen erforderlich sind. Beispielsweise waren die Preise für neu erstellte Wohnimmobilien in

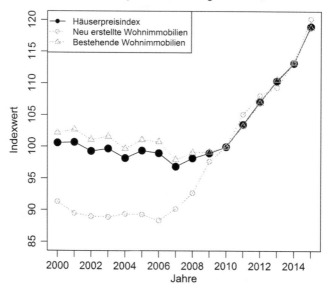

Abb. 2.1 Immobilienpreisentwicklung in Deutschland von 2000 bis 2015 (die Abbildung wurde mit Daten von (Destatis [5]) erstellt)

© Springer Fachmedien Wiesbaden GmbH 2017
M. Fischer und D. Wagner, *Die Wissenslücken der Deutschen bei der Geldanlage*, essentials, DOI 10.1007/978-3-658-16458-4_2

den Jahren 2001 bis 2007 leicht rückläufig, während die Preise für bestehende
Wohnimmobilien nur stagnierten. Erst seit dem Jahr 2008 lassen sich hohe Preis-
steigerungsraten im deutschen Markt für Wohnimmobilien feststellen. Genauso
bestehen Unterschiede zwischen ländlichen Gebieten und Stadtgebieten oder zwischen alten und neuen Bundesländern.

Die Aussage „Die Immobilie nimmt immer im Wert zu" trifft unter Berücksichtigung der historischen Immobilienpreisentwicklung „überhaupt nicht zu".
Nur 10 % aller Befragten beantworteten die Aussage korrekt mit „trifft überhaupt
nicht zu". Demnach stehen die Teilnehmer der Wertentwicklung von Immobilien
überwiegend positiv gegenüber. Eine geringe Zahl der Teilnehmer (5 %) konnte
zu der Aussage keine Antwort geben. Dies lässt den Schluss zu, dass in der
Bevölkerung die meisten Menschen zumindest eine klare Meinung zur Preisentwicklung von Immobilien haben. Abb. 2.2 zeigt die absoluten Häufigkeiten der
gegebenen Antworten zu Aussage 1.

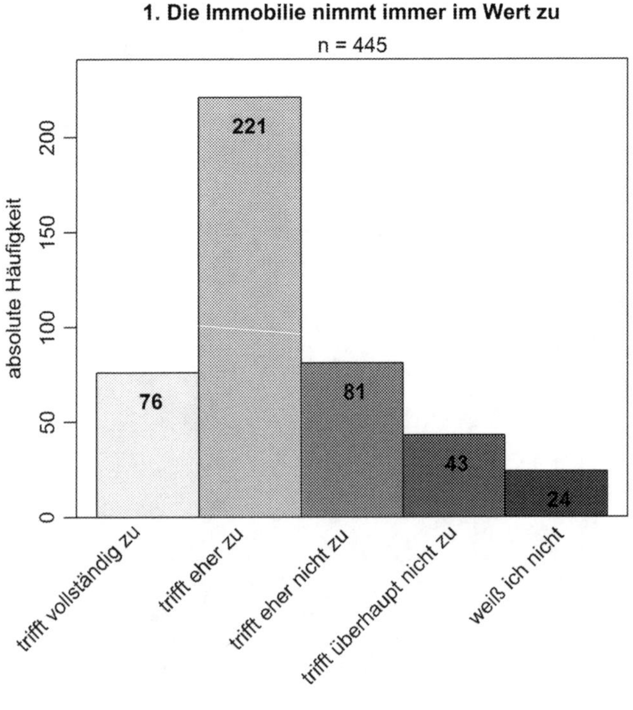

Abb. 2.2 Absolute Häufigkeiten zu Aussage 1

Insgesamt stimmen 83 % der Befragten der Aussage „Die Immobilie nimmt immer im Wert zu" nicht vollständig zu. 67 % der Befragten geben an, dass die Aussage vollständig (17 %) oder eher zutrifft (50 %). Gliedert man die gegebenen Antworten nach Alter der Befragten, fällt auf, dass von dem jüngeren Teil der Befragten (bis unter 30 Jahre) nur zu etwas mehr als 50 % der Meinung sind, die Aussage „Die Immobilie nimmt immer im Wert zu" trifft vollständig oder eher zu. Die geringste Skepsis hinsichtlich der Wertsteigerung von Immobilien wird von den älteren Personen der Bevölkerung kommuniziert. Zudem nimmt der Anteil derer, die die Aussage für vollständig oder eher zutreffend halten, mit dem Alter zu (siehe Abb. 2.3). Dies hängt vermutlich damit zusammen, dass die älteren Generationen im Laufe der Zeit Wertsteigerungen im Immobiliensektor erleben konnten.

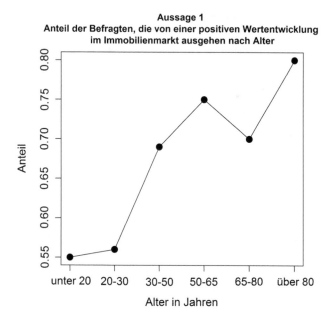

Abb. 2.3 Anteil der Befragten mit einer positiven Meinung zur Wertentwicklung von Immobilien nach Altersgruppen

2.2   Aussage 2: Das Tagesgeldkonto bietet hohe Sicherheit

Die Aussage „Das Tagesgeldkonto bietet hohe Sicherheit" ist je nach Interpretation und Wahrnehmung des Begriffs Sicherheit individuell auf verschiedene Arten interpretierbar. Beispielsweise könnte eine Person, die Geldinstituten vollkommen skeptisch gegenübersteht, die Meinung vertreten, dass Konten jeder Art keinerlei Sicherheit bieten. Zudem könnte die Inflation mit einbezogen werden und ein Teilnehmer zwar der Meinung sein, den eingezahlten Betrag auf seinem Tagesgeldkonto sicher wieder zurückzuerhalten, aber dass die Geldentwertung aufgrund inflationärer Tendenzen eine Quelle der Unsicherheit bietet. Die intuitivste und sicherlich von vielen akzeptierte Interpretation der Aussage „Das Tagesgeldkonto bietet hohe Sicherheit" ist die Interpretation des Sicherheitsaspekts als Garantie für den Rückerhalt des auf dem Konto angelegten Geldbetrags. In diesem Fall lassen sich sowohl die Antwort „trifft vollständig zu" als auch die Antwort „trifft eher zu" als korrekt einstufen. Der Grund für die Sicherheit ist der Höchstbetrag der gesetzlichen Einlagensicherung von 100.000 EUR pro Person. Zusätzlich können die einzelnen Institute freiwilligen Einlagensicherungsfonds, wie zum Beispiel dem Einlagensicherungsfonds des Bundesverbandes deutscher Banken (BdB), angeschlossen sein (Einlagensicherungsfonds [8]). Dennoch ist die Höhe der Sicherung limitiert.

Die beiden richtigen Antwortmöglichkeiten zur Sicherheit des Tagesgeldkontos „trifft vollständig zu" und „trifft eher zu" konnten von 39 % der Befragten nicht korrekt bewerten. Die als korrekt erachteten Antworten teilen sich in 43 % „trifft eher zu" und 18 % „trifft vollständig zu" auf. Dies lässt die Interpretation zu, dass die Mehrheit der Teilnehmer Tagesgeldkonten zwar eine hohe Sicherheit zuspricht, ihnen jedoch auch bewusst ist, dass die Sicherungshöhe begrenzt ist (siehe Abb. 1.3).

Teilt man die gegebenen Antworten nach Einkommensgruppen auf, so stellt man fest, dass von den Teilnehmern in der höheren Einkommensklasse mit einem monatlichen Nettoeinkommen zwischen 3001 EUR und 5000 EUR ca. 81 % „trifft vollständig zu" oder „trifft eher zu" ausgewählt haben. Von den Teilnehmern mit einem Einkommen von weniger als 1500 EUR pro Monat geben hingegen nur ca. 57 % eine der beiden Antworten an. Die relativen Häufigkeiten, gegliedert nach monatlichem Nettoeinkommen, sind in Abb. 2.4 dargestellt.

Abb. 2.5 zeigt die relativen Häufigkeiten der gegebenen Antworten gegliedert nach Alter der Befragten. Bei der Analyse der Altersgruppen zeigt sich eine große Diskrepanz zwischen den unter 20-Jährigen und den anderen Altersgruppen.

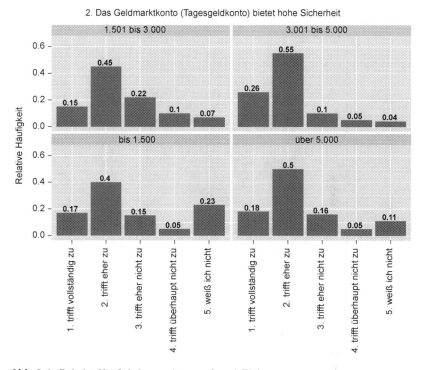

Abb. 2.4 Relative Häufigkeiten zu Aussage 2 nach Einkommen

Ungefähr 38 % der unter 20-Jährigen bewerten die Aussage „Das Tagesgeld-konto bietet hohe Sicherheit" mit „weiß ich nicht", während die gleiche Antwort von allen anderen Altersgruppen nur in einer Bandbreite zwischen 4 und 20 % gegeben wird. Es liegt nahe, dass eine Vielzahl der unter 20-Jährigen sich noch in der Schulzeit bzw. Ausbildung befindet. Dies lässt die Schlussfolgerung zu, dass während der Schullaufbahn die Vermittlung von Basiswissen im Bereich Finan-zen vernachlässigt wird. Zu einem ähnlichen Schluss kommt auch eine PISA-Studie aus dem Jahr 2012, die die finanzielle Allgemeinbildung von 15-Jährigen aus insgesamt 13 OECD-Staaten und fünf weiteren Partnerstaaten untersucht. Deutschland gehörte bei der Studie jedoch nicht zu den teilnehmenden Ländern (OECD [13]). Somit besteht insbesondere bei Menschen mit geringerem Einkom-men und bei der Gruppe der unter 20-Jährigen großer Schulungs- bzw. Aufklä-rungsbedarf.

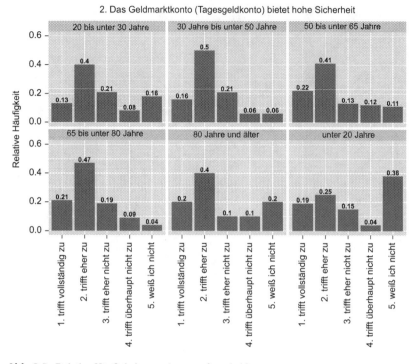

Abb. 2.5 Relative Häufigkeiten zu Aussage 2 nach Alter

2.3　Aussage 3: Guthaben auf Sparbüchern haben eine Kündigungsfrist von drei Monaten

Die juristische Definition von Spareinlagen ist seit dem Jahr 1993 (insbesondere von Sparbüchern) in § 21 Abs. 4 der Verordnung über die Rechnungslegung der Kreditinstitute (RechKredV) definiert. Demnach gelten Sparbücher neben weiteren Kriterien als solche, wenn die Kündigungsfrist mindestens drei Monate beträgt. Als Ausnahme ist nur das Recht des Kunden definiert, über seine Einlagen bis zu einem bestimmten Betrag, der je Sparkonto und Kalendermonat 2000 EUR nicht überschreiten darf, ohne Kündigung zu verfügen. Immerhin 27 % der Befragten konnten die Aussage richtig mit „trifft vollständig zu" bewerten. Allerdings liegt der Anteil der Befragten, die ein „weiß ich nicht" angegeben haben, sogar bei 28 % (siehe Abb. 1.3).

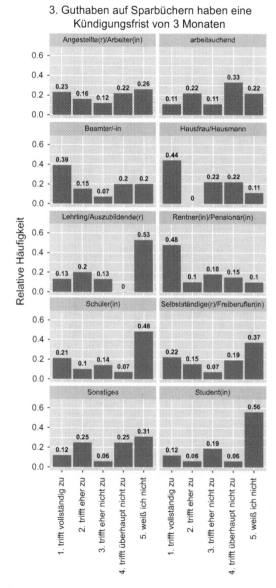

Abb. 2.6   Relative Häufigkeiten zu Aussage 3 nach Berufsgruppe

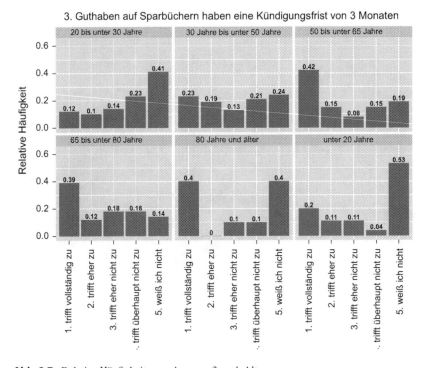

Abb. 2.7 Relative Häufigkeiten zu Aussage 3 nach Alter

Bei Aufteilung der Antworten in verschiedene Berufsgruppen fällt auf, dass die rechtlichen Bestandteile von Sparbüchern den Rentnern/Pensionären (48 % korrekte Antworten) und Beamten (39 % korrekte Antworten) deutlich geläufiger sind als Schülern (48 % „weiß ich nicht") und Studenten (56 % „weiß ich nicht"). Die Verteilung der Antworten zu Aussage 3 nach Berufsgruppe ist in Abb. 2.6 dargestellt.

Dies korrespondiert mit der deutlich schlechteren Antwortqualität der jüngeren Personen (53 % „weiß ich nicht" bei Personen unter 20) im Vergleich zu älteren Personen (zwischen 39 und 42 % korrekte Antworten bei den Personengruppen über 50 Jahre). Die Antwortverteilung nach Altersgruppen ist in Abb. 2.7 dargestellt. Ein Grund für den hohen Anteil der Beantwortung der Aussage mit „weiß ich nicht" bei der jüngeren Generation liegt wohl in der tendenziell über die Jahre geringer gewordenen Attraktivität des Sparbuchs begründet. Der Erfolg der Tagesgeldkonten führte auch zu einer geringeren Nutzung des Sparbuches. Die aktuelle geringe Zinsdifferenz zwischen täglich fälligen Einlagen und Spareinlagen unterstützt die rückläufige Bedeutung von Sparbüchern. In der Zinsstatistik der deutschen Bundesbank zeigt sich die rückläufige Bedeutung von Spareinlagen mit einer Kündigungsfrist von mehr als drei Monaten. Von August 2015 bis Juli 2016 schrumpfte das Volumen von Einlagen mit einer vereinbarten Kündigungsfrist von mehr als drei Monaten um 18 %, während das Volumen in täglich fälligen Einlagen über den gleichen Zeitraum um 8 % zulegte (Deutsche Bundesbank [6]).

Teilt man die gegebenen Antworten nach Einkommensgruppen auf, so stellt man fest, dass von den Teilnehmern mit einem Einkommen von mehr als 5000 EUR netto pro Monat ca. 35 % und von den Teilnehmern mit einem Einkommen zwischen 3001 EUR und 5000 EUR netto 32 % „trifft vollständig zu" ausgewählt haben. Von den Teilnehmern mit einem Einkommen von weniger als 1500 EUR netto pro Monat geben nur ca. 25 % und von den Teilnehmern mit einem monatlichen Einkommen zwischen 1501 EUR und 3000 EUR netto ca. 24 % die korrekte Antwort. Je niedriger das monatliche Nettoeinkommen, desto höher wäre der Aufklärungsbedarf. Die Antwortverteilung nach monatlichem Einkommen ist in Abb. 2.8 dargestellt.

2.4 Aussage 4: Zur Verringerung des Risikos sollte man sein Geld auf nur wenige Aktien verteilen

Die Aussage „Zur Verringerung des Risikos sollte man sein Geld auf nur wenige Aktien verteilen" bezieht sich auf den sogenannten Diversifikationseffekt und ist in der gestellten Form inkorrekt. Ziel war es herauszufinden, inwieweit sich die Teilnehmer über den Nutzen der Streuung bei der Geldanlage im Klaren sind. Aufgrund des Diversifikationseffekts ist eine Verteilung des Ersparten auf mehrere Aktien zu empfehlen. Der positive Effekt der Risikostreuung wird zusätzlich verbessert, wenn in verschiedene Assetklassen angelegt wird (siehe Grabenbauer und Fischer 2012 [11]). Aktienkurse reagieren unterschiedlich stark auf Konjunkturdaten. Unternehmens- oder branchenspezifische Meldungen sorgen für individuelle Kursentwicklungen. Der Diversifikationseffekt besagt, dass die Risiken der einzelnen Wertpapiere bei ausreichend großer Anzahl für das Gesamtrisiko des Portfolios vernachlässigbar werden. Der Grund für die Existenz dieses Phänomens ist der nicht vollständige Gleichlauf der Renditen verschiedener Wertpapiere. Das bedeutet jedoch keineswegs, dass das Risiko der Geldanlage irgendwann auf null fällt, wenn man nur ausreichend unterschiedliche Aktien kauft. Selbst bei vollständiger Diversifikation verbleibt ein Restrisiko, welches als unvermeidbares oder systematisches Risiko bezeichnet wird.

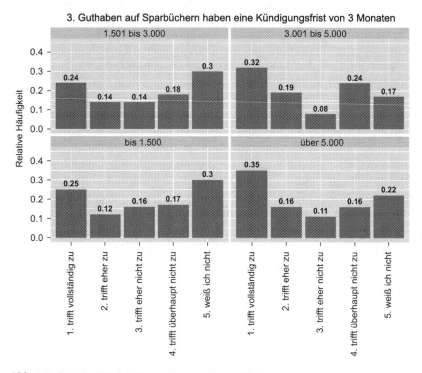

Abb. 2.8   Relative Häufigkeiten zu Aussage 3 nach Einkommen

Fast die Hälfte der Befragten (ca. 48 %) konnte die Aussage „Zur Verringerung des Risikos sollte man sein Geld auf nur wenige Aktien verteilen" nicht
korrekt mit „trifft überhaupt nicht zu" bewerten. Das Wissen zum Diversifikationseffekt ist bei den Gruppen „Selbstständige", „Beamte", „Angestellte" und bei
„Studenten" am weitesten ausgeprägt. Bei den Gruppen „Schüler", „Auszubil-
dende", „Rentner" und „Hausfrau/Hausmann" ist das Wissen hingegen deutlich
geringer. Außerdem zeigt sich, dass von den Teilnehmern in den beiden höchsten Einkommenskategorien (mehr als 5000 EUR netto pro Monat und 3001 EUR
bis 5000 EUR netto pro Monat) die Aussage deutlich besser bewertet wird. Etwa
67 % der Teilnehmer mit einem Monatseinkommen von mehr als 5000 EUR antworten mit „trifft überhaupt nicht zu". Von den Teilnehmern mit einem monatlichen Nettoeinkommen in Höhe von 3001 EUR bis 5000 EUR netto pro Monat
bewerteten sogar ca. 70 % die Aussage „Zur Verringerung des Risikos sollte man
sein Geld auf nur wenige Aktien verteilen" mit „trifft überhaupt nicht zu". Von

den Teilnehmern mit einem Einkommen von weniger als 1500 EUR pro Monat geben hingegen nur ca. 42 % die korrekte Antwort. Abb. 2.9 zeigt die relativen Häufigkeiten der Antworten zum Diversifikationseffekt nach Einkommen.

Differenziert man die Antworten nach dem Alter der Umfrageteilnehmer, so zeigt sich, dass von den Personen, die sich in einer der beiden mittleren Altersgruppen (30 Jahre bis unter 50 Jahre und 50 bis unter 65 Jahre) befinden, der Anteil der korrekten Antworten mit 56 und 65 % deutlich höher ausfällt als bei Teilnehmern, die sich in den Altersgruppen über 65 Jahre und unter 30 Jahre befinden. In der Gruppe der unter 20-Jährigen beträgt der Anteil der korrekten Antworten nur 33 und 50 % in der Gruppe der über 80-Jährigen. Der Anteil der Teilnehmer, die zu der Aussage keine Meinung abgeben konnten und deshalb mit „weiß ich nicht" antworteten, liegt über alle Altersgruppen hinweg nur bei ca. 10 %. Das Wissen zum Diversifikationseffekt ist sowohl bei den jüngsten als auch bei den ältesten befragten Personen am wenigsten stark ausgeprägt. Hier

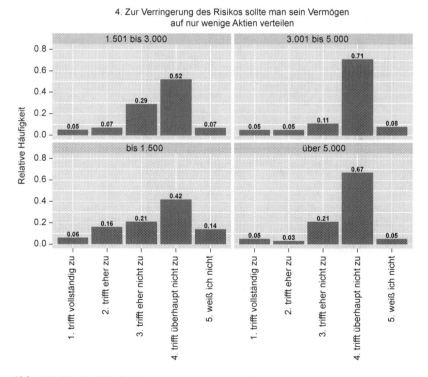

Abb. 2.9 Relative Häufigkeiten zu Aussage 4 nach Einkommen

zeigt sich, dass Personen, die aktuell im Berufsleben stehen und vermutlich mehr Geld verdienen, als sie ausgeben, sich eher mit dem Aspekt der Streuung auseinandergesetzt haben als Personen, die sich in einer Lebensphase befinden, in der es wahrscheinlich ist, dass mehr Geld ausgegeben als eingenommen wird. Abb. 2.10 zeigt die relativen Häufigkeiten der Antworten zum Diversifikationseffekt nach Altersgruppen.

Statistisch betrachtet, sind die Unterschiede in der Beantwortung der Aussage 4 nach den jeweiligen Altersgruppen mit einem P-Wert von 0,032 auf dem 5 %-Niveau signifikant. Abb. 2.11 zeigt die gegebenen Antworten in einer Kastengrafik. Die ersten fünf Kästen sind identisch und geben den Median der gegebenen Antworten (fette horizontale Linie) jeweils bei „trifft überhaupt nicht zu" an. Lediglich der Kasten, der die Antworten der unter 20-jährigen Umfrageteilnehmer repräsentiert, ist im Vergleich zu den anderen nach unten versetzt. Die grafische

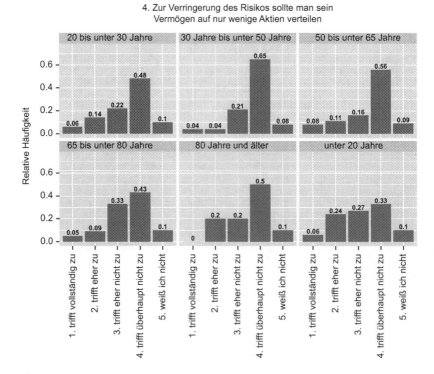

Abb. 2.10 Relative Häufigkeiten zu Aussage 4 nach Alter

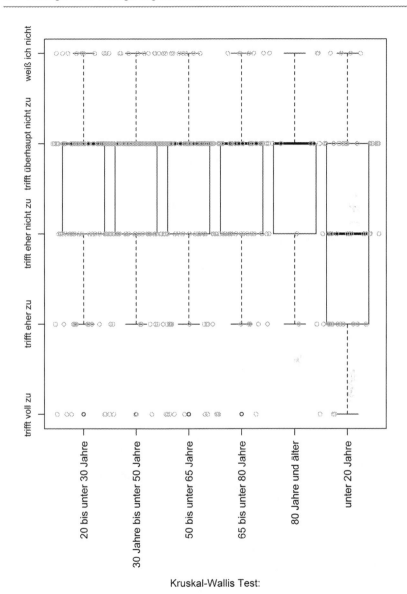

Kruskal-Wallis Test:

χ^2 = 12.19
P-Wert = 0.032

Abb. 2.11 Kastengrafik zu Aussage 4

Analyse lässt also vermuten, dass der statistisch signifikante Unterschied durch die Gruppe der unter 20-Jährigen ausgelöst wird. Führt man den Kruskal-Wallis-Test ohne die Gruppe der unter 20-Jährigen durch, ergibt sich ein P-Wert von 0,20. Damit bestehen keine signifikanten Unterschiede zwischen den Altersgruppen mehr.

2.5   Aussage 5: Das Schöne an Fonds ist, dass ich nicht mein gesamtes investiertes Kapital verlieren kann

Nicht erst seit dem Niedergang von Lehman Brothers und dem Totalausfall von einigen Finanzprodukten wird das Risiko von Fonds in der Bevölkerung diskutiert. Immer wieder hört man in den Medien von jungen und alten Menschen, die

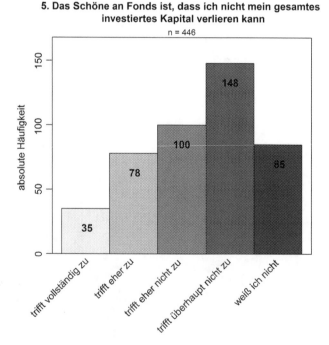

Abb. 2.12   Absolute Häufigkeiten zu Aussage 5

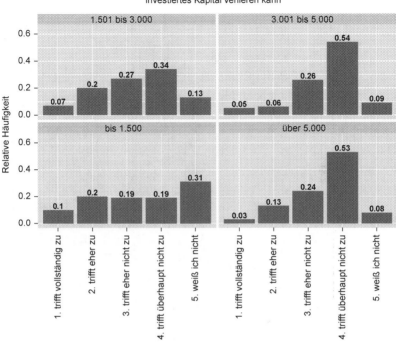

5. Das Schöne an Fonds ist, dass ich nicht mein gesamtes
investiertes Kapital verlieren kann

Abb. 2.13 Relative Häufigkeiten zu Aussage 5 nach Einkommen

sich des Risikos der gekauften Finanzprodukte in keinster Weise bewusst sind.
Werden Fonds als Anlageprodukt gewählt, so besteht das Risiko eines Total-
verlusts. Die korrekte Antwort lautet in diesem Fall also „trifft überhaupt nicht
zu". Nur 33 % der Teilnehmer konnten die Aussage richtig beantworten (siehe
Abb. 2.12). Daraus lässt sich schließen, dass der Begriff und die Funktionsweise
von Wertpapierfonds als Anlageprodukt von der großen Mehrheit der Bevölkerung in Deutschland nicht klar verstanden werden.

Unterschiede bestehen auch hier bei der Aufteilung der gegebenen Antworten nach Einkommensgruppen. Von den Teilnehmern, die den höheren Einkommensschichten (über 5000 EUR und 3001 bis 5000 EUR) angehören, wurde die
Aussage zu mehr als 50 % korrekt beantwortet. Die Teilnehmer mit niedrigerem
Einkommen (unter 1500 EUR und 1501 bis 3000 EUR) konnten die Aussage nur
zu ca. 19 % bzw. 34 % korrekt beantworten. Die relativen Häufigkeiten nach Ein-

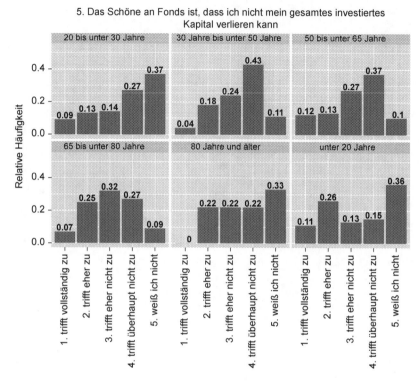

Abb. 2.14 Relative Häufigkeiten zu Aussage 5 nach Alter

kommensgruppen sind in Abb. 2.13 dargestellt. Das bessere Abschneiden von Personen mit höherem Einkommen könnte daran liegen, dass aufgrund des höheren Vermögens bereits mehr Erfahrungen mit der Anlageklasse Fonds gesammelt wurden.

Aus Abb. 2.14 wird ersichtlich, dass sich bei Betrachtung der Altersgruppen ein ähnliches Bild ergibt. Von den unter 20-Jährigen antworteten 36 % mit „weiß ich nicht" und von den 20- bis unter 30-Jährigen 37 %. Im Vergleich dazu geben von den Teilnehmern in der Altersgruppe 30 bis unter 50 Jahre nur 11 % bzw. von den Teilnehmern in der Altersgruppe 50 bis unter 65 Jahre nur noch 10 % „weiß ich nicht" an. Am besten wurde die Aussage zum Kapitalrisiko bei Fonds „Das Schöne an Fonds ist, dass ich nicht mein ganzes investiertes Kapital verlieren kann" von den Altersgruppen 30 bis unter 50 Jahre (43 % „trifft überhaupt nicht zu") und 50 bis unter 65 Jahre (37 % „trifft überhaupt nicht zu") beantwortet. Dies ist insofern wenig überraschend, weil es sich bei Personen im Alter zwischen 30 und 65 Jahren tendenziell um den Personenkreis handeln dürfte, der sich mit größerer Wahrscheinlichkeit im Rahmen der Altersvorsorgeplanung bereits mit Fondsinvestments beschäftigt hat oder sich dazu sogar beraten ließ; Personen unter 20 Jahren oder Personen, die sich bereits im Rentenalter befinden haben sich bislang wahrscheinlich nicht mit Fonds befasst.

2.6   Aussage 6: Der Erwerb von Aktien ist auch mit nur 50 EUR oder 100 EUR möglich

Zu der Frage, ab welchen Beträgen Aktieninvestments grundsätzlich möglich sind, konnten 51 % zwar korrekt angeben, dass dies bereits mit sehr geringen Geldbeträgen umsetzbar ist. Das bedeutet jedoch auch, dass fast die Hälfte der Befragten davon keine Kenntnis hat (siehe Abb. 1.3). Selbstverständlich lässt sich mit solch geringen

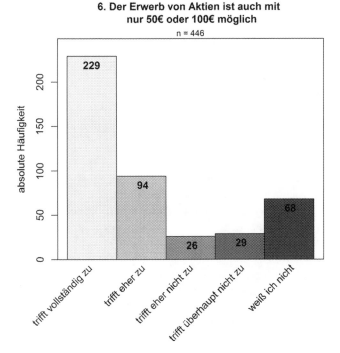

Abb. 2.15 Absolute Häufigkeiten zu Aussage 6

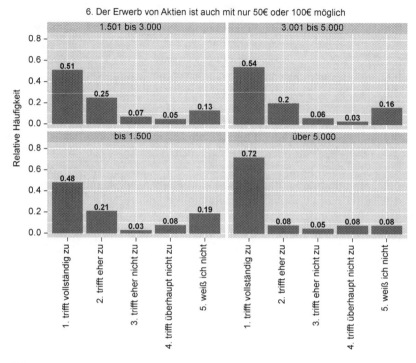

Abb. 2.16 Relative Häufigkeiten zu Aussage 6 nach Einkommen

Anlagebeträgen nicht jede Aktie erwerben. Außerdem hat die Kostenkomponente bei geringen Anlagebeträgen eine hohe Bedeutung, weil viele Gebührenmodelle von Banken oder Brokerage-Unternehmen eine Mindestgebühr vorsehen.

Abb. 2.15 zeigt, dass bei der Beantwortung der Aussage zur Mindestanlage in Aktien nur geringe Unterschiede hinsichtlich der Ausbildungs- sowie Alters- und Berufsgruppen bestehen. Lediglich von Teilnehmern in der höchsten Einkommenskategorie wurde die Aussage überdurchschnittlich gut beantwortet; ca. 72 % der Befragten antworteten mit „trifft vollständig zu". Die relativen Häufigkeiten nach Einkommensgruppen sind in Abb. 2.16 dargestellt.

Der Ausreißer von Personen mit relativ hohem Einkommen führt jedoch in der statistischen Analyse zu keinem signifikanten Unterschied. Die überdurchschnittliche Antwortqualität der Teilnehmer in der höchsten Einkommenskategorie lässt vermuten, dass Personen mit einem hohen Einkommen vermutlich auch mehr Erfahrungen mit Kapitalmarktprodukten haben.

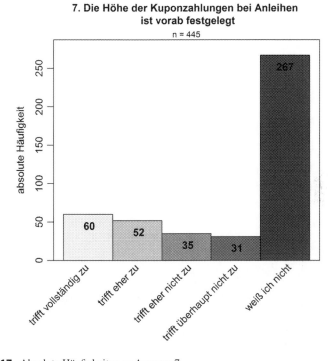

Abb. 2.17 Absolute Häufigkeiten zu Aussage 7

Tab. 2.1 Vergleich neu emittierter Anleihen nach Kuponausgestaltung. Die Tabelle wurde mit Daten von (Bloomberg [1]) erstellt

Ausgestaltung	Anzahl der Neuemissionen	Anteil an der Gesamtzahl der Neuemissionen (%)
Fester Kupon	146	51
Variabler Kupon	9	3
Stufenzins	67	24
Floater	20	7
Nullkupon	43	15

Berücksichtigung der Emittenten (Staaten/Gebietskörperschaften, Nicht-Finanzunternehmen und Finanzinstitute)

2.7   Aussage 7: Die Höhe der Kuponzahlungen bei Anleihen ist vorab festgelegt

Hierbei handelt es sich um eine nicht ganz einfach zu beantwortende Aussage, die fundierte Finanzkenntnisse erfordert. Es ist deshalb wenig überraschend, dass 60 % der Befragten die Antwortvariante „weiß ich nicht" gewählt haben (siehe Abb. 2.17). Aus den Nachfragen der Umfrageteilnehmer ergab sich zudem, dass viele Personen nur wenig mit dem Begriff „Kupon" anzufangen wussten. Die Ergebnisse der Umfrage zeigen insbesondere hier, wie wichtig eine bessere Aufklärung der Bevölkerung bei Anleiheprodukten wäre.

Bei der differenzierten Beantwortung der Aussage können grundsätzlich mehrere Antworten als korrekt angesehen werden, da Anleihen sowohl mit festen als auch mit variablen Kupons ausgestattet sein können.

Betrachtet man beispielsweise die neu emittierten Anleihen im Euroraum über den Zeitraum vom 22.05.2016 bis zum 21.06.2016 in Tab. 2.1, so zeigt sich, dass von den 285 in diesem Zeitraum emittierten Anleihen nur ungefähr die Hälfte

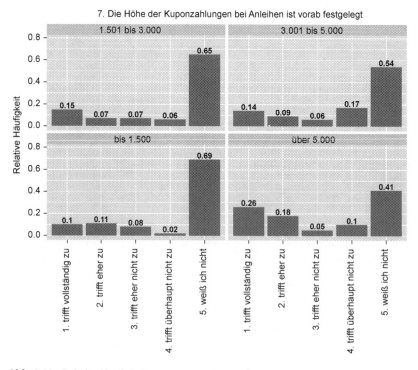

Abb. 2.18 Relative Häufigkeiten zu Aussage 7 nach Einkommen

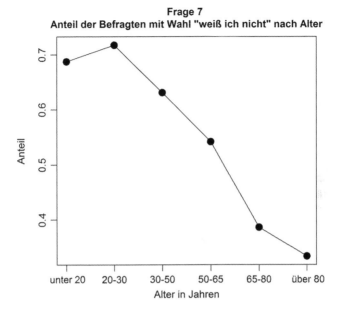

Abb. 2.19 Anteil der Befragten mit Antwortalternative „weiß ich nicht" nach Alter

(51 %) mit einem festen Kupon ausgestattet sind. Alle anderen Arten der Ausgestaltung beinhalten entweder keinen Kupon (Nullkupon) oder variable Kupons mit verschiedenen Anpassungsregeln (variabler Kupon, Stufenzins und Floater).

Die in Tab. 2.1 dargestellten Werte können sich ändern, wenn weitere Differenzierungen (beispielsweise nach Emissionsvolumen oder Art des Emittenten) vorgenommen werden. In jedem Fall lässt sich die Aussage Nr. 7 jedoch weder eindeutig mit „trifft überhaupt nicht zu" noch mit „trifft vollständig zu" beantworten.

Bei Betrachtung der Einkommensschichten zeigt sich, dass Teilnehmer mit monatlichen Einkünften von mehr als 5000 EUR die Frage nur zu 41 % mit „weiß ich nicht" bewertet haben, während die Teilnehmer mit einem Einkommen von weniger als 1.500 EUR zu ca. 69 % mit „weiß ich nicht" geantwortet haben. Dies könnte daran liegen, dass Personen mit höherem Einkommen schon persönliche Erfahrungen mit dieser Vermögensklasse bzw. mit Anleihen gemacht haben und sich daher eine Beantwortung eher zutrauen. Abb. 2.18 zeigt die relativen Häufigkeiten der Antworten zu Aussage 7 nach Einkommen.

Hinsichtlich der Berufsgruppen bestehen nur geringe Unterschiede. Die Antwortmöglichkeit „weiß ich nicht" dominiert über alle Berufsgruppen hinweg. Bei der Gliederung nach Altersgruppen ergibt sich eine recht deutliche Tendenz, dass die Teilnehmer mit zunehmendem Alter im Laufe ihres Lebens schon einmal mit dem Begriff „Kupon" konfrontiert wurden und deshalb eine Antwort zu der Aussage geben können. Beispielsweise geben 69 % der unter 20-Jährigen „weiß ich nicht" an, bei den 50- bis unter 65-Jährigen sind es noch 54 % und bei den 65- bis unter 80-Jährigen nur noch 39 %. Abb. 2.19 illustriert diese Tendenz grafisch.

2.8 Aussage 8: Die Rendite deutscher Staatsanleihen ist höher als die Rendite deutscher Unternehmensanleihen

Die Aussage „Die Rendite deutscher Staatsanleihen ist höher als die Rendite deutscher Unternehmensanleihen" trifft überhaupt nicht zu, denn Unternehmensanleihen weisen aufgrund ihres höheren Ausfallrisikos stets einen positiven

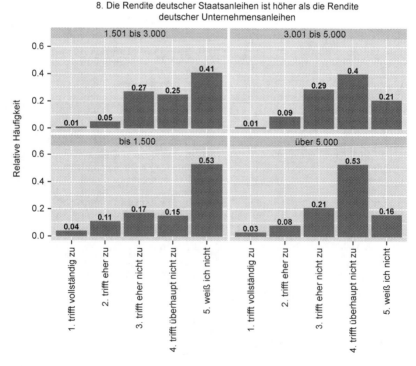

Abb. 2.20 Relative Häufigkeiten zu Aussage 8 nach Einkommen

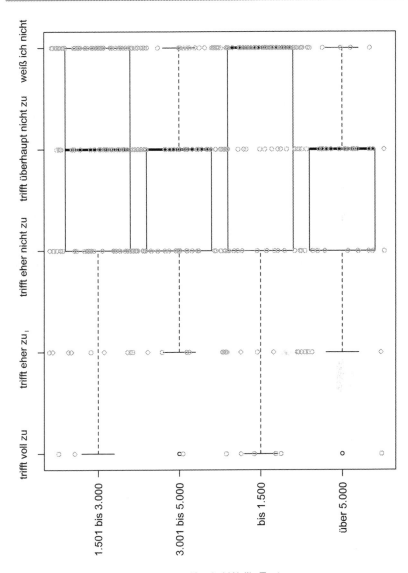

Kruskal-Wallis Test:

$\chi^2 = 11.21$
P-Wert = 0.011

Abb. 2.21 Kastengrafik zu Aussage 8

Renditespread zu Staatsanleihen auf. Dieser Zusammenhang ist nur 27 % der Befragten bekannt. Ein hoher Anteil der gesamten Stichprobe von 37 % kann zum Thema Rendite von Staatsanleihen keine Aussagen treffen und hat die Antwortvariante „weiß ich nicht" gewählt (siehe Abb. 2.20). Bei Betrachtung der gegebenen Antworten nach Einkommensschichten fällt auf, dass 52 % der Befragten mit sehr hohem Einkommen (mehr als 5000 EUR netto pro Monat) die Aussage korrekt beantworten. Von der nächstniedrigeren Einkommensschicht (3001 bis 5000 EUR) beantworten nur noch 40 % die Aussage korrekt. Die korrekte Beantwortung in der Einkommensgruppe 1.501 bis 3000 EUR liegt nur noch bei einem Anteil von 25 % und die korrekte Beantwortung in der niedrigsten Einkommensgruppe bei 15 %. Die Antwortverteilung nach Einkommensgruppen ist in Abb. 2.21 dargestellt.

Personen mit höherem Einkommen haben unter Umständen schon Erfahrungen mit Investments in Staatsanleihen gemacht und wissen daher die Renditeerwartungen besser einzuschätzen. Die grafische Analyse in Form des Kastendiagramms und der Kruskal-Wallis-Test bestätigen die Unterschiede zwischen den einzelnen Einkommensgruppen. Das Kastendiagramm zeigt eine große Ähnlichkeit zwischen den beiden oberen Einkommenskategorien (mehr als 5000 EUR netto pro Monat und 3001 bis 5000 EUR netto pro Monat). Diese unterscheiden sich jedoch deutlich von den anderen beiden Einkommensschichten (unter 1500 EUR netto pro Monat und 1501 EUR bis 3000 EUR netto pro Monat). Der P-Wert des Kruskal-Wallis-Tests liegt bei 0,011 und liefert damit statistisch signifikante Unterschiede auf dem 5-%-Niveau (siehe. Abb. 2.21).

2.9 Aussage 9: Das Risiko deutscher Staatsanleihen ist niedriger als das Risiko deutscher Unternehmensanleihen

Die Aussage „Das Risiko deutscher Staatsanleihen ist niedriger als das Risiko deutscher Unternehmensanleihen" trifft vollständig zu, denn Ausfallszenarien von Staaten sind deutlich unwahrscheinlicher als die Zahlungsunfähigkeit und damit der Ausfall eines einzelnen Unternehmens. Insgesamt konnten nur 23 % der Teilnehmer das Risiko einer Staatsanleihe im Vergleich zu einer Unternehmensanleihe korrekt bewerten. Bei Aussage 9 handelt es sich um ein Äquivalent von Aussage 8, bei der nun statt nach einer relativen Renditebewertung nach einer relativen Risikobewertung gefragt wird. Es ist dementsprechend nicht überraschend, dass der Anteil der als korrekt angesehenen Auswahl („trifft vollständig zu") in Aussage 9 nahezu den gleichen Wert aufweist wie in Aussage 8. Auch bei

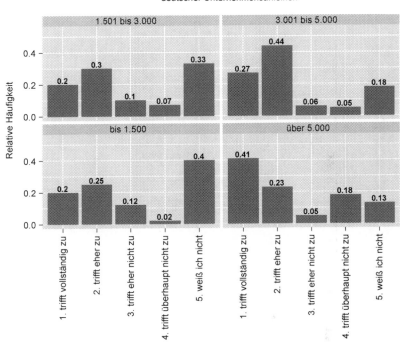

Abb. 2.22   Relative Häufigkeiten zu Aussage 9 nach Einkommen

Betrachtung der Einkommensgruppen wurde die Aussage von den Teilnehmern in der höchsten Einkommenskategorie mit 41 % am besten beantwortet. Die relativen Häufigkeiten der gegebenen Antworten zu Aussage 9 sind in Abb. 2.22 dargestellt.

Abb. 2.23 zeigt die Anteile der Umfrageteilnehmer, die die jeweils als korrekt erachtete Antwort bzw. die Antwortvariante „weiß ich nicht" gewählt haben, für Aussage 8 und Aussage 9 im Vergleich. Bei beiden Aussagen zeigt sich, dass der Anteil derjenigen Teilnehmer, die mit „weiß ich nicht" antworten, mit zunehmendem Einkommen sehr stark abnimmt, während die Anteile der korrekt gegebenen Antworten bei beiden Aussagen mit dem Einkommen ansteigen.

Zwischen Männern und Frauen wurden über die meisten Aussagen hinweg kaum Unterschiede bei der Antwortqualität festgestellt; deutliche Unterschiede

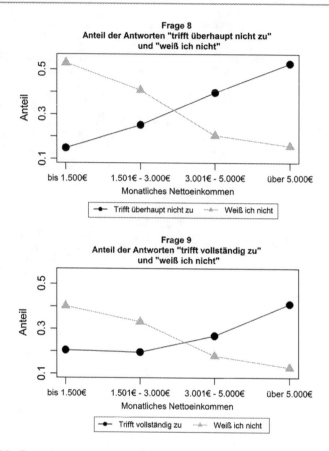

Abb. 2.23 Gegenüberstellung der Antwortqualität von Aussage 8 und Aussage 9

bestehen nur bei der Beantwortung der Aussage 9 „Das Risiko deutscher Staats-
anleihen ist niedriger als das Risiko deutscher Unternehmensanleihen". Diese
Aussage trifft vollständig zu. Im Mittel konnten die männlichen Befragten die
Aussage besser bewerten als weibliche Befragte. Die statistische Signifikanz des
Unterschieds zeigt sich bei Aussage 9 im Ergebnis des Kruskal-Wallis-Tests mit
einem P-Wert von null.

Nach den Gründen der Umfrageteilnehmer für die jeweilige Antwortwahl
wurde nicht gefragt. Ein Teilnehmer könnte beispielsweise die Antwortvariante
„weiß ich nicht" abgesehen von tatsächlichem Unwissen auch aus Unsicherheit

oder aus Gründen der Unklarheit der gesamten bzw. Teilen der Fragestellung wählen. Aus Gesprächen mit verschiedenen Umfrageteilnehmern nach der Durchführung der Umfrage ging hervor, dass die Fragen 7 und 9 als besonders schwer zu beantworten empfunden wurden. Von den Teilnehmern wurde unter anderem mehrfach die Aussage gestellt, um was es sich bei Kuponzahlungen denn genau handele. Anfragen wurden erst nach der Abgabe des ausgefüllten Fragebogens im persönlichen Gespräch beantwortet, um Manipulationen auszuschließen. Dies verdeutlicht jedoch, dass bereits Unklarheiten über einzelne Teilkomponenten der Fragestellung ein Motivationsgrund für die Wahl der Ausweichkategorie „weiß ich nicht" sein könnten. Es wird bestätigt, dass die Funktionsweise von Anleihen oder Rentenpapieren in der Bevölkerung größtenteils nicht bekannt ist.

2.10   Aussage 10: In Zukunft möchte ich mehr Geld sparen/anlegen

Über die Grundgesamtheit hinweg lässt sich kein besonders stark ausgeprägter Sparwunsch feststellen. 24 % der Teilnehmer beantworten die Frage mit „trifft vollständig zu" und 34 % der Teilnehmer antworten mit „trifft eher zu". Damit möchte etwas mehr als die Hälfte der Befragten zukünftig mehr Geld sparen bzw. anlegen. Der Anteil der Teilnehmer, die eher nicht oder überhaupt nicht sparen möchten, liegt bei 35 %. Der Rest (6 %) hat die Ausweichkategorie „weiß ich nicht" gewählt (siehe Abb. 1.3). Die Ergebnisse unterscheiden sich außerdem kaum zwischen Männern und Frauen. Das Gleiche gilt für eine Differenzierung nach Bildungsabschluss. Bei einer Gliederung nach Berufsgruppen ist der Sparwunsch von Schülern, Studenten und Auszubildenden am stärksten ausgeprägt, bei Rentnern und Selbstständigen hingegen deutlich weniger. Erwartungsgemäß ist auch der Sparwunsch umso ausgeprägter, je jünger die Teilnehmer sind. Zudem ist der Sparwunsch bei den niedrigen Einkommensgruppen stärker ausgeprägt als bei den hohen Einkommensgruppen.

Fazit

3

Insgesamt wurde in der Studie die These bestätigt, dass die deutsche Bevölkerung mehrheitlich große Defizite bei Wissen und Funktionsweise von Finanzprodukten aufweist. Die Aussagen der an der Umfrage teilnehmenden Personen zeigen, dass der Zusammenhang von Rendite und Risiko in großen Teilen nicht verstanden wird. Es ist daher eine wichtige Aufgabe der Politik und von Banken bzw. Versicherungen, systematisch für eine bessere Aufklärung der deutschen Bevölkerung in Fragen der Geldanlage zu sorgen.

Immer mehr Banken bieten ihren Kunden ein Tool für Personal Finance Management (PFM) auf ihrer Website an. Zu empfehlen wäre, dass die Banken ihr Wissen über die Kunden nutzen, um im PFM die Kunden entsprechend der individuellen Finanzbedürfnisse aufzuklären und weiterzubilden. Die Wissensvermittlung im PFM wäre genau auf Zielgruppen ausgerichtet und könnte produktspezifisch gesteuert werden (siehe Fischer und Wagner [10]).

Die Umfrageteilnehmer wurden mit zehn Aussagen konfrontiert, deren Ziel es ist, sowohl das Wissen zu den beiden Entscheidungsgrößen Rendite und Risiko als auch die Meinung der Befragten über eine fünfstufige Bewertungsskala zu erfassen. Die Umfrage wurde anonymisiert mit insgesamt über 1500 Teilnehmern durchgeführt. Die vorliegende Auswertung erfolgte jedoch mit einer bereinigten Stichprobe mit einem Umfang von 454 Personen aus den verschiedensten Alters- und Einkommensschichten.

Die Umfrageteilnehmer stehen der Wertentwicklung von Immobilien eher positiv gegenüber, obwohl dies in der historischen Betrachtung nicht immer zutreffend war. Beispielsweise lassen sich erst seit dem Jahr 2008 hohe Wertsteigerungen im deutschen Markt für Wohnimmobilien feststellen. Dementsprechend basieren die Teilnehmer ihre Meinung nicht auf die langfristige historische

© Springer Fachmedien Wiesbaden GmbH 2017
M. Fischer und D. Wagner, *Die Wissenslücken der Deutschen bei der Geldanlage*, essentials, DOI 10.1007/978-3-658-16458-4_3

Entwicklung. Vielen Umfrageteilnehmern ist nicht bewusst, dass Immobilien im Wert auch sinken können.

Die Mehrheit der Befragten spricht Tagesgeldkonten zwar eine hohe Sicherheit zu, ihnen ist jedoch auch bewusst, dass die Sicherungshöhe begrenzt ist. Das Tagesgeldkonto ist in der deutschen Bevölkerung beliebt und die Umfrageergebnisse bestätigen ein mehrheitlich gutes Verständnis für das Risiko eines Tagesgeldkontos.

Die Kündigungsfrist von Sparbüchern ist insbesondere der jüngeren Generation nicht bekannt. Dabei könnte die über die Jahre geringer gewordene Attraktivität des Sparbuchs im Vergleich zu anderen Anlageformen eine Rolle spielen. Die rückläufige Bedeutung von Sparbüchern spiegelt sich in der aktuell geringen Zinsdifferenz zwischen täglich fälligen Einlagen und Spareinlagen wider. Deutlich wird, dass selbst ein breit genutztes Produkt wie das Sparbuch in seinen spezifischen Konditionen bei vielen Personen unbekannt ist.

Das Wissen zum Diversifikationseffekt bei der Aktienanlage ist sowohl bei den jüngsten als auch bei den ältesten befragten Personen am wenigsten stark ausgeprägt. Hier zeigt sich, dass sich Personen, die aktuell im Berufsleben stehen und vermutlich mehr Geld verdienen, als sie ausgeben, eher mit dem Aspekt der Streuung auseinandergesetzt haben als Personen, die sich in einer Lebensphase befinden, in der es wahrscheinlich ist, dass mehr Geld ausgegeben als eingenommen wird.

Ein ähnliches Bild ergibt sich hinsichtlich des Kapitalrisikos von Fonds. Dies ist insofern wenig überraschend, da es sich bei Personen im Alter zwischen 30 und 65 Jahren um den Personenkreis handeln dürfte, der sich mit größerer Wahrscheinlichkeit im Rahmen der Altersvorsorgeplanung bereits mit Fondsinvestments beschäftigt hat oder sich dazu sogar beraten ließ – im Gegensatz zu Personen unter 20 Jahren oder zu Personen, die sich bereits im Rentenalter befinden. Das Verlustrisiko von Fonds ist vielen Anlegern nicht bewusst.

Bei der Beantwortung der Aussage zur Mindestanlagesumme in Aktien bestehen nur geringe Unterschiede hinsichtlich der Ausbildungs- sowie Alters- und Berufsgruppen. Nur ungefähr die Hälfte der Umfrageteilnehmer ist der Meinung, dass der Erwerb von Aktien auch mit geringen Geldbeträgen möglich ist. Zur Verbesserung der Aktionärskultur in Deutschland sollte bei Maßnahmen zur finanziellen Bildung auch auf Möglichkeiten der kosteneffizienten Anlage in Aktien, insbesondere bei geringen Anlagebeträgen, eingegangen werden. Vergleichsweise kostengünstige Möglichkeiten zur Direktanlage in Aktien bieten häufig Onlinebanken oder -broker. Weitere Alternativen sind gegebenenfalls Aktiensparpläne oder die indirekte Anlage in eine Vielzahl von Aktien über Exchange Traded Funds (ETFs).

Bei der Frage nach dem Sparwunsch lässt sich feststellen, dass es keine wesentlichen demografischen Unterschiede zu geben scheint. Jüngere Menschen äußern tendenziell eher die Bereitschaft, in der Zukunft vermehrt zu sparen.

Die Mehrheit der deutschen Bevölkerung kennt die Funktionsweise von Anleihen oder Rentenpapieren nicht. Schon das Wort Kupon ist vielen Personen nicht bekannt. Es wird deutlich, dass zwar viele Menschen zur Aktie aufgrund der Präsenz in den Medien eine Meinung haben, aber beim Thema Anleihen hat man weder Meinung noch Wissen.

Die These, dass weite Teile der Bevölkerung nur unzureichende Kenntnisse im Umgang mit Geldanlagen haben, bestätigt sich weitgehend und deckt sich damit mit den Ergebnissen anderer Studien (siehe beispielsweise OECD [13]; van Rooj et al. [14]; Dietz [7] und Financial Services Authority [9]). Die systematische Analyse der Umfrageergebnisse nach demografischen Merkmalen zeigt statistisch relevante Unterschiede hinsichtlich Alter, Ausbildung, Beruf und Vermögen der Befragten auf. Notwendig erscheint eine Integration der Aufklärung über Geldanlage und Finanzen generell schon in der Schule, da nur hierdurch eine bessere Finanzbildung für die gesamte Bevölkerung gewährleistet werden kann.

Anhang

4

Im Anhang werden zusätzliche demografische Detailauswertungen gezeigt. Durch die Differenzierung nach Alter, Berufsgruppe, Ausbildung oder Einkommen kann genau erfasst werden, welche Zielgruppe in welcher Thematik besondere Wissensdefizite bzw. Aufklärungsbedarf hat.

© Springer Fachmedien Wiesbaden GmbH 2017   41
M. Fischer und D. Wagner, *Die Wissenslücken der Deutschen bei der Geldanlage,* essentials, DOI 10.1007/978-3-658-16458-4_4

4.1   Relative Häufigkeiten nach Berufsgruppe

Es bestehen kaum Unterschiede zwischen den Berufsgruppen. Die Mehrheit geht davon aus, dass die Aussage vollständig oder eher zutrifft (Abb. 4.1).

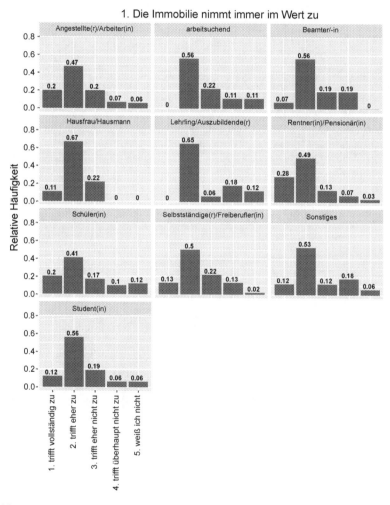

Abb. 4.1   Relative Häufigkeiten zu Aussage 1 nach Berufsgruppe

Die am häufigsten gewählte Antwort war fast immer „trifft eher zu". Nur von den Schülern haben die meisten (33 %) die Antwortmöglichkeit „weiß ich nicht" gewählt (Abb. 4.2).

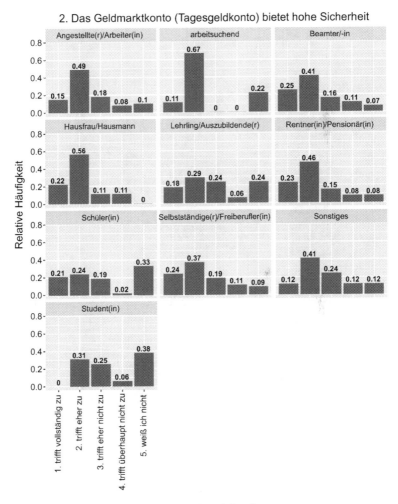

Abb. 4.2   Relative Häufigkeiten zu Aussage 2 nach Berufsgruppe

Am besten wurde die Aussage von Personen, die nicht mehr am Anfang
ihres Berufslebens stehen (Angestellte, Beamte, Selbstständige), beantwortet
(Abb. 4.3).

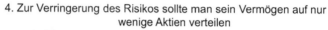

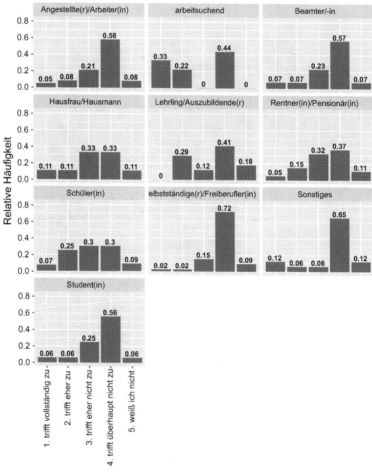

Abb. 4.3 Relative Häufigkeiten zu Aussage 4 nach Berufsgruppe

Obwohl diese Aussage überhaupt nicht zutrifft, ergeben sich über die meisten Berufsgruppen hinweg gleichverteilte Antwortstrukturen (Abb. 4.4).

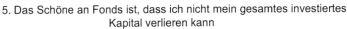

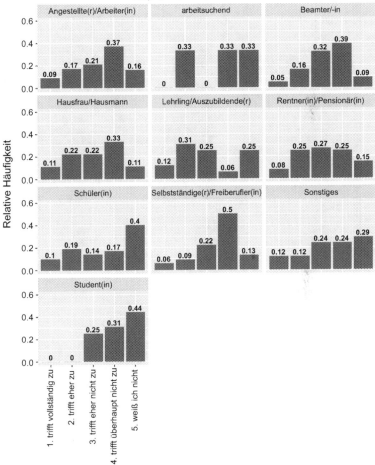

Abb. 4.4   Relative Häufigkeiten zu Aussage 5 nach Berufsgruppe

Unabhängig von der Berufsgruppe ist die am häufigsten gewählte Antwort immer „trifft vollständig zu" (Abb. 4.5).

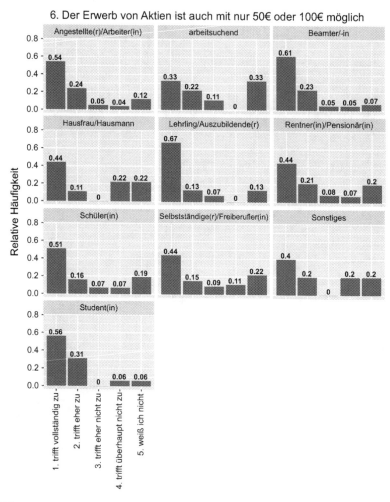

Abb. 4.5   Relative Häufigkeiten zu Aussage 6 nach Berufsgruppe

Unabhängig von der Berufsgruppe war die am häufigsten gewählte Antwort immer „weiß ich nicht". Die Aussage erfordert fundierte Finanzkenntnisse (Abb. 4.6).

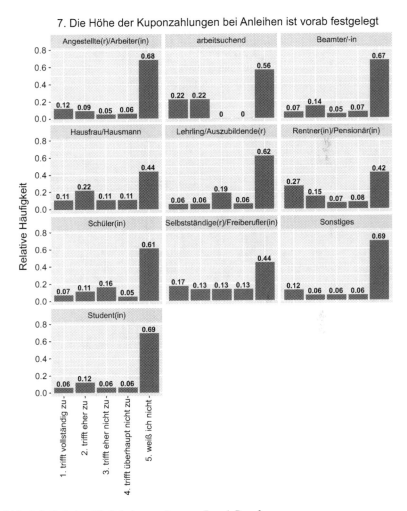

Abb. 4.6   Relative Häufigkeiten zu Aussage 7 nach Berufsgruppe

Die gegebenen Antworten sind durch einen hohen Anteil von Teilnehmern gekennzeichnet, die die Antwortalternative „weiß ich nicht" gewählt haben. Die höchsten Anteile mit der korrekten Antwort „trifft überhaupt nicht zu" wurden von Beamten und Selbstständigen gegeben (Abb. 4.7).

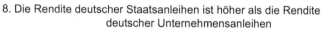

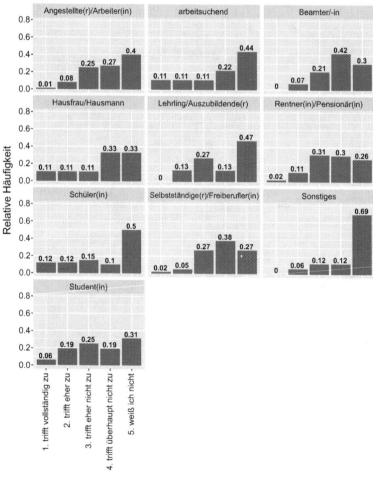

Abb. 4.7 Relative Häufigkeiten zu Aussage 8 nach Berufsgruppe

Die gegebenen Antworten sind bei allen Berufsgruppen eher gleichverteilt.
Eine eindeutige Tendenz besteht nicht (Abb. 4.8).

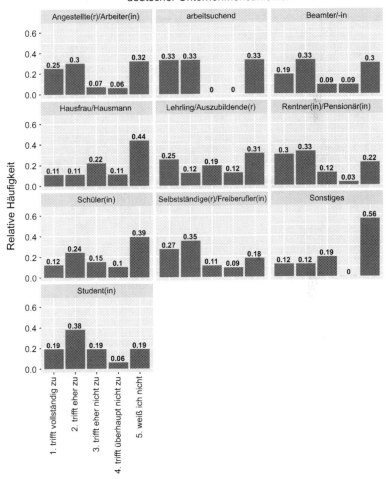

Abb. 4.8   Relative Häufigkeiten zu Aussage 9 nach Berufsgruppe

Am stärksten ist der Sparwunsch bei Schülern, Studenten und Auszubildenden ausgeprägt (Abb. 4.9).

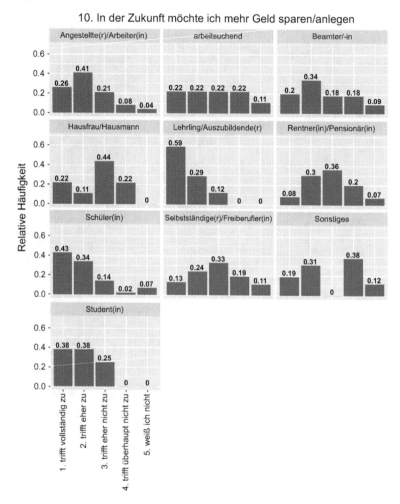

Abb. 4.9 Relative Häufigkeiten zu Aussage 10 nach Berufsgruppe

4.2 Relative Häufigkeiten nach Einkommen

Alle Einkommensgruppen gehen eher von immer steigenden Immobilienpreisen aus. Die Antwort „weiß ich nicht" wurde in allen Einkommenskategorien nur sehr selten gewählt (Abb. 4.10).

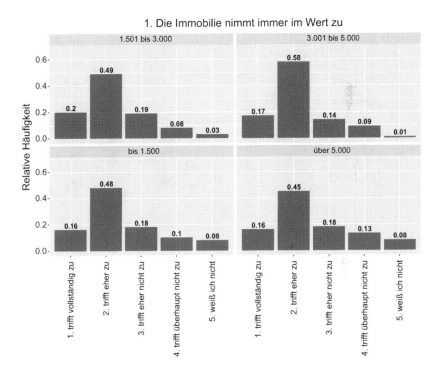

Abb. 4.10 Relative Häufigkeiten zu Aussage 1 nach Einkommen

Am stärksten ist der Sparwunsch in den beiden unteren Einkommensgruppen (unter 1500 EUR und 1501 bis 3000 EUR) ausgeprägt (Abb. 4.11).

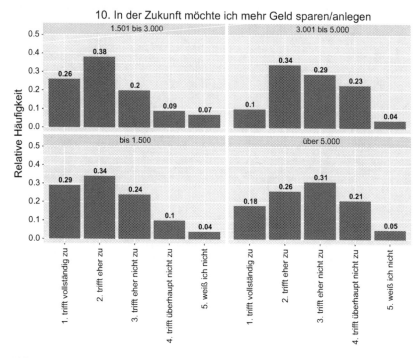

Abb. 4.11 Relative Häufigkeiten zu Aussage 10 nach Einkommen

4.3   Relative Häufigkeiten nach Alter

Die große Mehrheit der Befragten hat unabhängig von der Altersgruppe eine eindeutige Meinung zur Wertentwicklung von Immobilien. Es besteht ein eher geringer Skeptizismus hinsichtlich deren Preisentwicklung (Abb. 4.12).

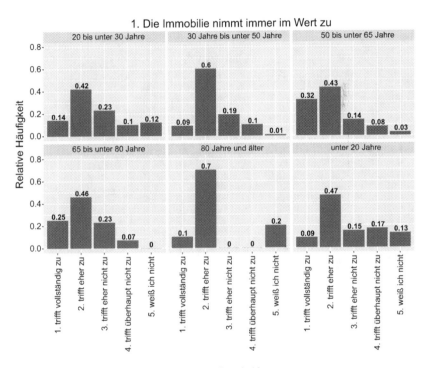

Abb. 4.12   Relative Häufigkeiten zu Aussage 1 nach Alter

Bei allen Altersgruppen konzentriert sich die Mehrheit der gegebenen Antworten bei „trifft vollständig zu" (Abb. 4.13).

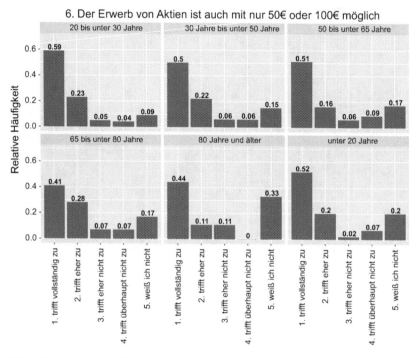

Abb. 4.13 Relative Häufigkeiten zu Aussage 6 nach Alter

Bei der Antwortverteilung ergibt sich eine Tendenz dahin gehend, dass der Anteil der Teilnehmer, die mit „weiß ich nicht" geantwortet haben, mit zunehmendem Alter abnimmt. Dies deutet darauf hin, dass ältere Umfrageteilnehmer im Laufe ihres Lebens schon einmal mit dem Begriff „Kupon" konfrontiert wurden und deshalb eine Antwort zu der Aussage geben können (Abb. 4.14).

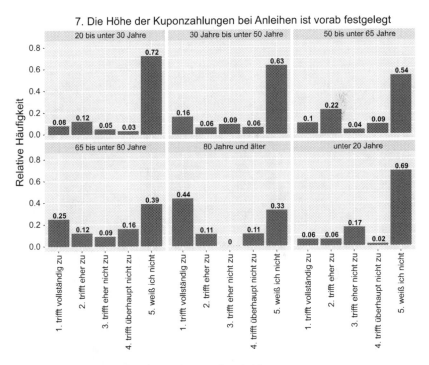

Abb. 4.14   Relative Häufigkeiten zu Aussage 7 nach Alter

Die höchsten Anteile derjenigen, die mit „weiß ich nicht" geantwortet haben, ergeben sich in den unteren Altersgruppen (unter 20 Jahre und 20 bis unter 30 Jahre). Die Antwortqualität steigt mit zunehmendem Alter (Abb. 4.15).

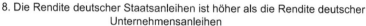

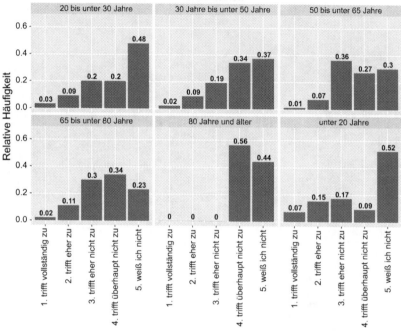

Abb. 4.15 Relative Häufigkeiten zu Aussage 8 nach Alter

Die Anteile derjenigen Teilnehmer, die keine Antwort zum Risiko von Staats-
und Unternehmensanleihen geben können und deshalb „weiß ich nicht" gewählt
haben, nehmen mit zunehmendem Alter ab (Abb. 4.16).

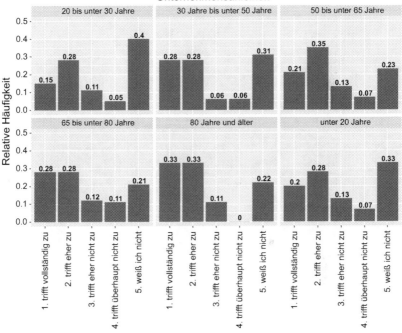

Abb. 4.16 Relative Häufigkeiten zu Aussage 9 nach Alter

Am stärksten ist der Sparwunsch bei den jüngeren Teilnehmern ausgeprägt (Abb. 4.17).

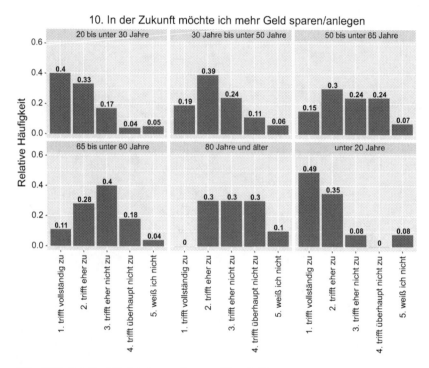

Abb. 4.17 Relative Häufigkeiten zu Aussage 10 nach Alter

4.4 Relative Häufigkeiten nach Ausbildung

Insgesamt bestehen bei Betrachtung des Bildungsabschlusses nur geringe Unterschiede. Die am häufigsten gegebene Antwort war immer „trifft eher zu" (Abb. 4.18).

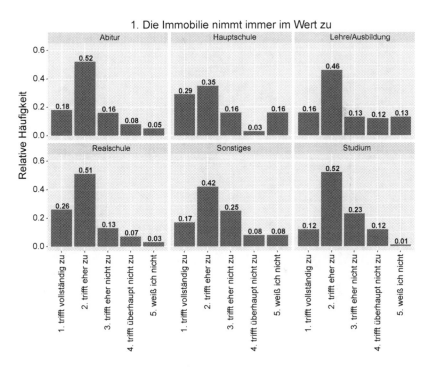

Abb. 4.18 Relative Häufigkeiten zu Aussage 1 nach Ausbildung

Unabhängig von der Ausbildung sprechen die Umfrageteilnehmer Tagesgeldkonten eine eher hohe Sicherheit zu. Die Teilnehmer haben abgesehen von den
Ausbildungsgruppen Hauptschule und Sonstige eine klare Meinung zur Sicherheit von Tagesgeldkonten, denn die Häufigkeit der Antwortmöglichkeit „weiß ich
nicht" ist im Vergleich zu den anderen Antworten sehr gering (Abb. 4.19).

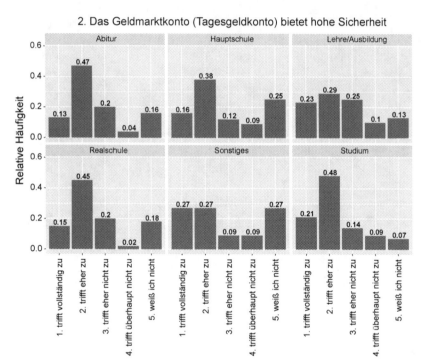

Abb. 4.19 Relative Häufigkeiten zu Aussage 2 nach Ausbildung

Die Aussage zur Kündigungsfrist von Sparbüchern ist durch eher gleichverteilte Antworten gekennzeichnet. Von den Teilnehmern mit Abitur hat nahezu
der gleiche Anteil die Antwort „weiß ich nicht" gewählt wie die Teilnehmer mit
Hauptschulabschluss. Deshalb lässt sich nicht ableiten, dass Teilnehmer mit
einem höheren Bildungsabschluss bessere Antworten liefern (Abb. 4.20).

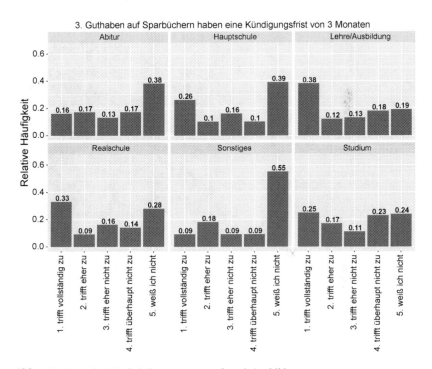

Abb. 4.20 Relative Häufigkeiten zu Aussage 3 nach Ausbildung

Die beste Antwortqualität liefern die Teilnehmer mit den höchsten Bildungs-
abschlüssen (Abitur und Studium) (Abb. 4.21).

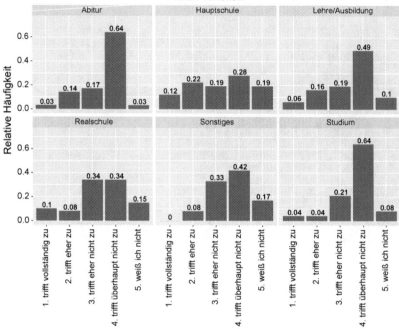

Abb. 4.21   Relative Häufigkeiten zu Aussage 4 nach Ausbildung

Die Antworten sind in fast allen Ausbildungsgruppen gleichverteilt. Lediglich in der Gruppe der Teilnehmer mit abgeschlossenem Studium wurde die korrekte Antwort „trifft überhaupt nicht zu" mit 49 % eindeutig am häufigsten gewählt (Abb. 4.22).

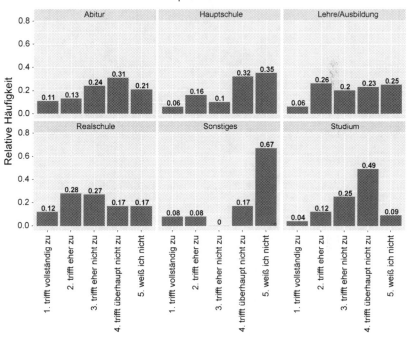

Abb. 4.22 Relative Häufigkeiten zu Aussage 5 nach Ausbildung

Die am häufigsten gewählte Antwort ist über alle Bildungsabschlüsse hinweg „trifft vollständig zu". Damit ist sich – unabhängig vom Bildungsabschluss – ungefähr die Hälfte der Umfrageteilnehmer grundsätzlich bewusst, dass Aktieninvestments auch mit geringen Beträgen möglich sind. Die beste Antwortqualität kommt von den Teilnehmern mit Abitur oder Studium (Abb. 4.23).

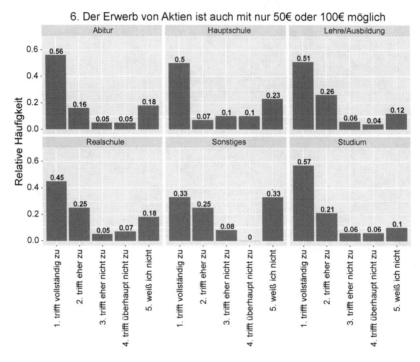

Abb. 4.23 Relative Häufigkeiten zu Aussage 6 nach Ausbildung

Aussage 7 erfordert fundierte Finanzkenntnisse. Es ist dennoch bemerkens-
wert, dass die Mehrzahl der Befragten über alle Bildungsabschlüsse hinweg die
Antwortvariante „weiß ich nicht" gewählt hat (Abb. 4.24).

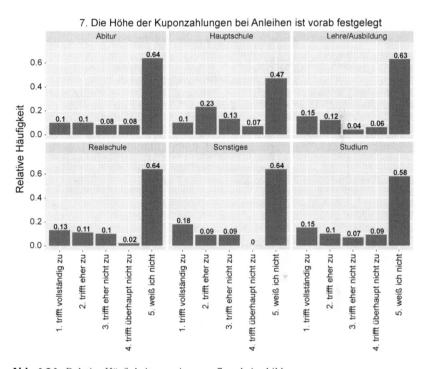

Abb. 4.24 Relative Häufigkeiten zu Aussage 7 nach Ausbildung

Außer bei den Teilnehmern mit Studium und den Teilnehmern mit Hauptschulabschluss ist die am häufigsten gewählte Alternative „weiß ich nicht". Nur
bei den Teilnehmern mit Studium ist die am häufigsten gewählte Antwort mit
41 % „trifft überhaupt nicht zu". Demnach können Teilnehmer mit Studienabschluss die Unterschiede in der Renditeerwartung von Staatsanleihen im Vergleich zu Unternehmensanleihen besser einschätzen (Abb. 4.25).

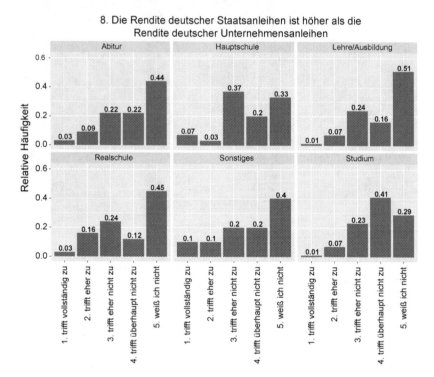

Abb. 4.25 Relative Häufigkeiten zu Aussage 8 nach Ausbildung

Abgesehen von den Teilnehmern mit Studium hat die Mehrzahl stets die Antwortalternative „weiß ich nicht" gewählt. Die beste Antwortqualität ergibt sich bei den Teilnehmern mit Abitur oder Studium. Die korrekte Antwort „trifft vollständig zu" wurde von 27 % der Teilnehmer mit Abitur und von 30 % der Teilnehmer mit abgeschlossenem Studium gewählt. Dementsprechend können Teilnehmer mit Studienabschluss oder Abitur die Unterschiede hinsichtlich des Risikos von Staatsanleihen im Vergleich zu Unternehmensanleihen besser einschätzen (Abb. 4.26).

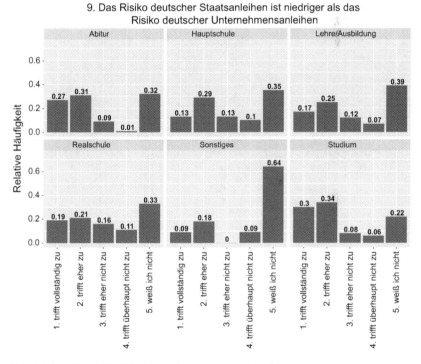

Abb. 4.26 Relative Häufigkeiten zu Aussage 9 nach Ausbildung

Die Antwortalternative „weiß ich nicht" stellt über alle Bildungsabschlüsse hinweg eher eine Ausnahme dar. Die beiden am häufigsten gewählten Alternativen sind „trifft vollständig zu" und „trifft eher zu" (Abb. 4.27).

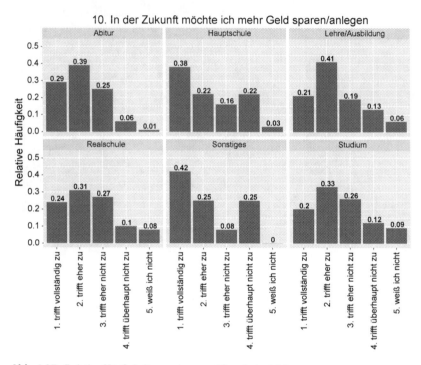

Abb. 4.27 Relative Häufigkeiten zu Aussage 10 nach Ausbildung

Was Sie aus diesem *essential* mitnehmen können

- Viele Personen sind sich der Risiken von Immobilien nicht bewusst, da sie von tendenziell immer steigenden Immobilienpreisen ausgehen.
- Die Mehrheit der Befragten kennt das niedrige Risiko von Tagesgeldkonten, aber die Ausstattungsmerkmale von Sparbüchern sind trotz der großen Bekanntheit vielen Verbrauchern nicht bewusst.
- Das relativ beste Wissen zu Risiken von Fonds und dem Diversifikationseffekt bei Aktien haben Personen, die aktuell im Berufsleben stehen.
- Ein Großteil der Bevölkerung verfügt nicht über ausreichende Kenntnisse zu den Entscheidungsgrößen Rendite und Risiko.
- Die Bevölkerung kennt die Funktionsweise von Anleihen mehrheitlich nicht.
- Häufig bestehen große Wissensunterschiede zwischen den verschiedenen Einkommens- und Altersgruppen.

© Springer Fachmedien Wiesbaden GmbH 2017
M. Fischer und D. Wagner, *Die Wissenslücken der Deutschen bei der Geldanlage*, essentials, DOI 10.1007/978-3-658-16458-4

Literatur

1. Bloomberg. (2016). Neuemissionsmanagement. Zugegriffen: 22. Juni 2016.
2. Destatis. (2015a). Sektorale und gesamtwirtschaftliche Vermögensbilanzen 1999 – 2014. https://www.destatis.de/DE/Publikationen/Thematisch/VolkswirtschaftlicheGesamtrechnungen/Vermoegensrechnung/VermoegensbilanzenPDF_5816103.pdf. Zugegriffen: 3. Juni 2016.
3. Destatis. (2015b). Bevölkerung auf Grundlage des Zensus 2011. https://www.destatis.de/DE/ZahlenFakten/GesellschaftStaat/Bevoelkerung/Bevoelkerungsstand/Tabellen/Zensus_Geschlecht_Staatsangehoerigkeit.html. Zugegriffen: 31. Mai 2016.
4. Destatis. (2015c). Schnellmeldungsergebnisse der Hochschulstatistik zu Studierenden und Studienanfänger/-innen. https://www.destatis.de/DE/Publikationen/Thematisch/BildungForschungKultur/Hochschulen/SchnellmeldungWSvorlaeufig5213103168004.pdf. Zugegriffen: 31. Mai 2016.
5. Destatis. (2016). Häuserpreisindex (GENESIS-Tabelle: 61262-0001). https://www-genesis.destatis.de/genesis/online/link/statistiken/61*. Zugegriffen: 3. Juni 2016.
6. Deutsche Bundesbank. (2016). Zinsstatistik 31.08.2016. https://www.bundesbank.de/Redaktion/DE/Downloads/Statistiken/Geld_Und_Kapitalmaerkte/Zinssaetze_Renditen/S510ATSUHDE.pdf. Zugegriffen: 5. Sept. 2016.
7. Dietz, U. (2016). https://www.bitkom.org/Presse/Pressegrafik/2016/Juni/Bitkom-Praesentation-Digital-Banking-06-06-2016-final.pdf. Zugegriffen: 6. Juni 2016.
8. Einlagensicherungsfonds. (2016). Über den Einlagensicherungsfonds. https://einlagensicherungsfonds.de/ueber-den-einlagensicherungsfonds/. Zugegriffen: 22. Juni 2016.
9. Financial Services Authority. (2004). Consumer understanding of financial risk. *Consumer Research, 33,* S. 1–69.
10. Fischer, M., & Wagner, D. (2015). Personal finance management. *Die Bank, 11*(2015), S. 52–56.
11. Grabenbauer, M., & Fischer, M. (2012). Portfolio Management und Korrelation von Vermögensklassen. Research Note 12. Deutsche Nationalbibliothek. ISSN 2190-8451. http://d-nb.info/102566227X. Zugegriffen: 10. Okt. 2016.

© Springer Fachmedien Wiesbaden GmbH 2017
M. Fischer und D. Wagner, *Die Wissenslücken der Deutschen bei der Geldanlage,* essentials, DOI 10.1007/978-3-658-16458-4

12. Mayer, H. O. (2013). *Interview und schriftliche Befragung*. München: Oldenbourg.
13. OECD. (2014). *PISA 2012 results: Students and money: Financial literacy skills for the 21st century* (Bd. VI). Paris: OECD Publishing.
14. Van Rooj, M., Lusardi, A., & Alessie, R. (2007). *Financial Literacy and Stock Market Participation* (NBER Working Paper Nr. 13565). Cambridge: National Bureau of Economic Research.

Printed in the United States
By Bookmasters